AF279334

Ana Ropero López

APULEYO EDICIONES   FOMENTO DE VALORES   CUENTOS ILUSTRADOS

UNA BONITA HISTORIA DE CÍRCULOS Y PALITOS

*Agradecemos a nuestra familia y a los amigos
que han formado parte de esta historia, que
nos dieron luz, confianza y vida.*

*A Román, que nos ilustró los primeros
bocetos y a Leo por unirse a la aventura.*

Todo el mundo sabe que las mamás lo son, porque llevan dentro al futuro bebé antes de nacer. Pero... ¿sabéis cómo empieza todo?

La **célula más grande del cuerpo** son círculos y estos círculos solo los tienen dentro las mujeres.

Hay otras células del cuerpo humano
que son muy importantes; son los **palitos**.
Estos solo los tienen los hombres.
Son muchos y pueden crear hasta millones.

Por el contrario, los círculos no pueden ser ni muy grandes ni muy frágiles. Tampoco pueden quedarse ni mucho ni poco tiempo dentro. Han de formarse perfectamente cada mes. Y esto es algo muy difícil y a la vez una maravilla y un misterio.

Así, cada círculo escondido decidirá cuál de esos **millones de palitos** será el encargado de acariciarlo y pasar la puerta oculta que lo conduzca hacia él. Y si no llega muy cansado y da con la **puerta secreta del círculo poderoso**, entonces, y solo entonces, podrá pasar dentro y comenzar juntos un gran **estallido de vida**.

Es el círculo el que selecciona cuál es el palito elegido para que, unidos, puedan empezar a dividirse, y así empezar a crear, juntos, un futuro conjunto de otras células, de vida. Y estas, al crecer, se convertirán en un futuro niño o en una futura niña.

Según la fuerza de su unión, crearán a un **ser** con ojos azules o marrones; con pelo rizado o liso; moreno o rubio; alto; fuerte; gracioso; divertido e impulsivo o tímido y pensativo... Es decir, saber qué características finales pueden llegar a tener dentro de esta gran fuente de riquezas es todo una sorpresa.

Por ejemplo, ¡TÚ!

¿Qué color de ojos has heredado de tus padres, y ellos de sus abuelos? ¿Y el pelo? ¿Y el color de la piel? ¿Y los lunares? ¿Y los gestos o la forma de andar? ¿Qué te gusta más? ¿Tienes alguna alergia? ¿Te gusta bailar o te da vergüenza? ¿Tienes capacidades diferentes?...

Este **proceso mágico** es tan importante que muchas mujeres necesitan ayuda médica para que sus círculos elijan bien al palito adecuado. También, muchos hombres quieren ayuda para que sus palitos no lleguen tan cansados y sean capaces de abrir las puertas deseadas. La **ciencia** es así de **maravillosa**.

Así fue cómo llegaste tú a mí. Mi **poderoso círculo** 23 le abrió su mágica puerta a un **palito fuerte** y valiente. Tantas ganas tenía de tenerte que te busqué por todas partes. Y al final no fue ni con un novio ni con un marido ni nadie conocido.

Después de tanto investigar y buscar, di con unos médicos que me ayudaron a buscar un palito fuerte para mí. Así que ahorré una gran cantidad de dinerito para poder tener un tratamiento muy especial en una clínica especializada y que al final crecieras dentro de mi **barrigota**.

Y creciste dentro mí; un circulito fantástico y un palito fuerte que fueron juntos a dividirse y a hacer que me creciera la barrigota tan grande como la que has visto en fotos.
Era la **embarazada** más contenta del mundo.

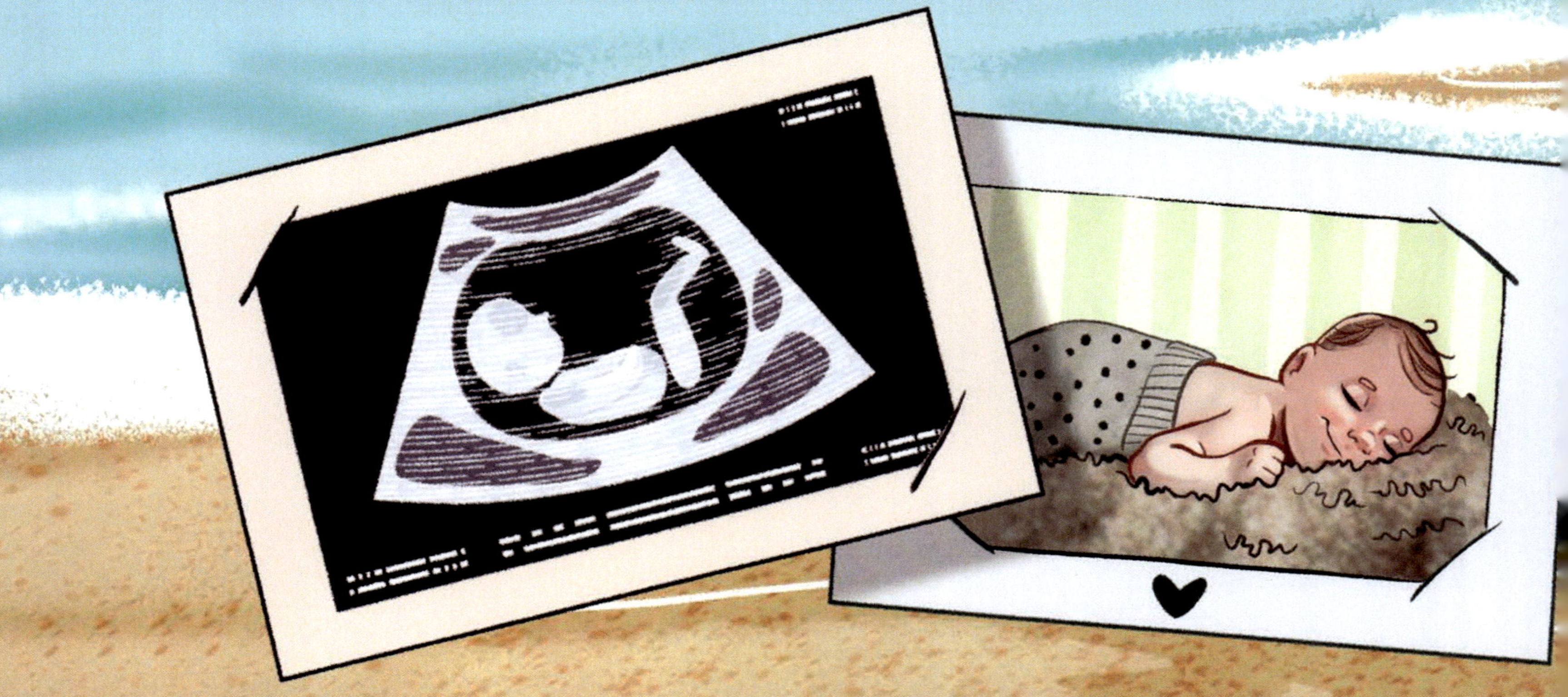

Los **abuelos** me acompañaban a la clínica para verte crecer en las ecografías y para **escuchar tu corazoncito**. Todo salió genial. Naciste muy sana y grandota y desde muy **bebé** fuiste muy alegre y divertida. Ahora soy una feliz mamá de un bebé fuerte y precioso, inteligente y bonito: **TÚ**.

Si te preguntan si tienes papá, tú ya sabes explicar que no, que solo tienes una mamá, que se empeñó en serlo sola y rápido, porque estaba impaciente por tenerte.

Tú dices que soy una
supermamá; que
puedo sola con todo,
y a mí eso me encanta.

Todo gracias a la ayuda de la **ciencia**, los médicos y de mi gran deseo de buscarte.

Hay muchas mujeres que han sido mamás gracias a este milagro de la ciencia. Lo han hecho solas, como hice yo, o con sus parejas, novios o maridos.

También hay hombres que se mueren de ganas por ser papás. Es un deseo muy poderoso que te mueve a conseguirlo cueste lo que cueste.

Porque tener un bebé y criarlo es maravilloso
¿y tú? ¿Cómo has venido al mundo?
"Te Leo"

APULEYO
EDICIONES

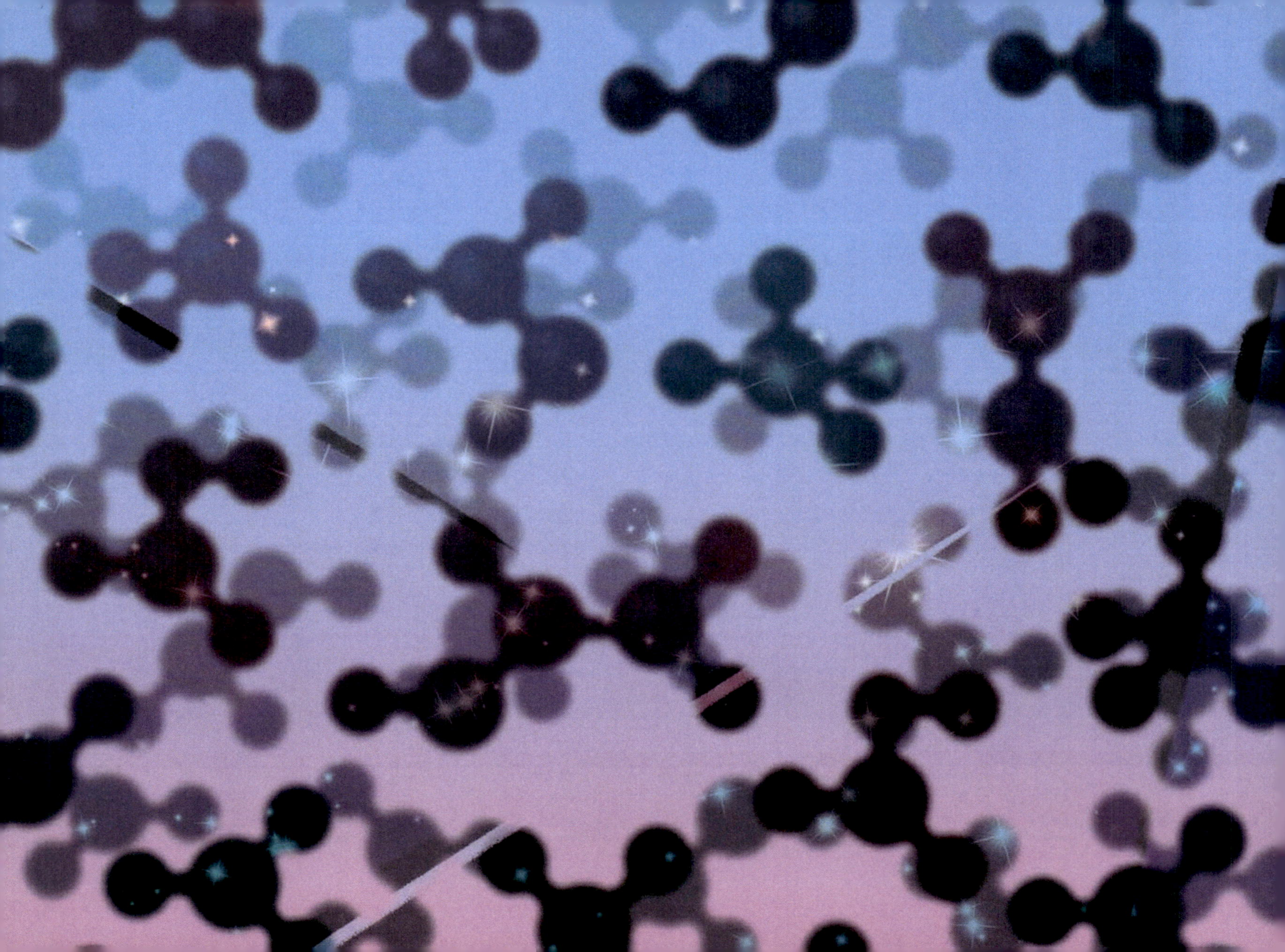